AF358337

44

Lb 256.

# NOTE

## SUR UN ARTICLE

### DES

## MÉMOIRES SUR L'INTÉRIEUR

### DU PALAIS IMPÉRIAL,

### ET SUR

## LA CONCLUSION DE LA PAIX DE VIENNE

## EN 1809.

BIBLIOTHÈQUE ROYALE

**PARIS,**

POTEY, LIBRAIRE DE MONSIEUR LE DAUPHIN,

RUE DU BAC, Nº 46.

**1827**

# NOTE

SUR UN ARTICLE DES MÉMOIRES SUR L'INTÉRIEUR
DU PALAIS IMPÉRIAL,

ET SUR

LA PAIX DE LA CONCLUSION DE VIENNE EN 1809.

Dans un ouvrage publié sous le titre de *Mémoires sur l'intérieur du Palais impérial*, et qui renferme des détails de tout genre, on en trouve de très-erronés sur la manière dont fut conclue la paix de Vienne en 1809. Principal acteur de cette scène, je me trouve dans l'obligation de faire connaître ce qui s'est passé.

L'auteur de l'ouvrage, M. de Bausset, alors préfet du palais, raconte, pages 358 et 365, t. I, que cette paix fut traitée directement par Napoléon avec les commissaires autrichiens prince Jean Lichtenstein et comte de Bubna, lorsque j'étais, en qualité de ministre plénipotentiaire pour cet objet, à Altenburg en Hongrie, occupé de la même négociation avec M. le comte de Metternich, plénipotentiaire de l'empereur d'Autriche; et qu'après la signature du traité à Schœnbrun, le 14 octobre 1809, il me fut expédié un courrier à Altenburg pour m'en donner connaissance; et il parle d'un dîner chez Napoléon, où je témoignai beaucoup d'étonnement de ce qui s'était fait en mon absence (M. de Bausset suppose que c'était la paix). Ces allégations sont sans aucune espèce de fondement; c'est moi qui ai négocié avec le prince de Lichtenstein, et qui ai signé la paix, non à Schœnbrun, mais à Vienne, dans mon logement au château (Burgh), le 14 octobre, entre 4 et 5 heures du matin. Le récit de cet événement n'est pas sans intérêt.

Après l'armistice de Znaïm, qui suivit la bataille de *Wagram*, des plénipotentiaires avaient été nommés pour traiter de la paix : j'étais celui de Napoléon, et M. le comte de Metternich le plénipotentiaire de l'empereur d'Autriche. Altenburg, en Hongrie, fut indiqué comme le lieu de la tenue du congrès. Les conférences commencèrent en août avec toutes les formes solennelles de ce qu'on appelle un congrès. Il était dressé un protocole de chaque conférence, et ces protocoles étaient envoyés aux deux cours respectives, dont il fallait attendre la réponse. L'Autriche n'était pas pressée de conclure : alors les Anglais faisaient leur attaque sur l'Escaut, et cette diversion pouvait être avantageuse à l'Autriche. Son ministre secondait à merveille ces intentions dilatoires par tous les moyens que lui fournissaient sa sagacité et la subtilité de son esprit. Je recevais chaque jour, et souvent deux fois par jour, des réponses de Napoléon à mes dépêches. Je n'étais éloigné de lui que de 20 à 25 lieues. En septembre, il commença à me presser de hâter la négociation; il se plaignait beaucoup de la lenteur de M. de Metternich; il prétendait même que l'empereur d'Autriche s'en plaignait aussi. Ce prince lui avait écrit par M. le comte de Bubna, son aide-de-camp, et Napoléon me faisait passer copie de ces lettres de l'empereur François, ainsi que de ses réponses. Il m'envoya aussi l'analyse très-détaillée d'un entretien qu'il eut le 22 septembre avec M. de Bubna. Voulant que tout aboutit à moi, il me transmettait les lettres qu'il recevait de l'empereur de Russie, à qui je faisais connaître, par M. de Caulaincourt, alors auprès de ce

prince, la marche de la négociation. Elle n'a-
vait fait encore aucun progrès, lorsque je reçus
de Napoléon une lettre datée du 27 septembre
à deux heures et demie, où il me disait : *Je dé-
sire qu'une heure après la réception du présent
courrier, vous partiez pour vous rendre auprès
de moi.* J'étais le lendemain à Vienne, et une
heure après à Schœnbrun. Napoléon m'apprit
qu'il avait fait nommer le prince Lichteinstein
plénipotentiaire à la place de M. de Metternich,
et que M. de Bubna lui était adjoint comme
conseil. J'entrai sur-le-champ en négociation
avec ces messieurs. Nos entretiens furent très-fré-
quens, mais sans formes solennelles et sans protocole, et chacun avait un résultat. Le 30 septembre ces messieurs étant venus au spectacle à
Schœnbrun, Napoléon les fit appeler, et eut
avec eux un entretien dont il m'envoya le ré-
sumé. Il fit un petit voyage sur la frontière de
la Styrie; à son retour les points les plus importans étaient convenus. Mais nous étions ar-
rêtés par l'article de la contribution de guerre.
Je demandai, au nom de la France, cent million, demande bien modeste en comparaison
de celle qui depuis a été faite à la France. Les
plénipotentiaires autrichiens ne consentaient à

donner que cinquante millions; Napoléon déclarait qu'il ne se relâcherait en rien de sa demande; les Autrichiens, qu'ils n'accorderaient rien de plus, ayant déjà fait sur d'autres points d'immenses sacrifices. Ces débats avaient lieu chez moi, à Vienne, où se rendaient tous les jours le prince de Lichtenstein et le comte de Bubna. Les derniers jours n'avaient amené aucun rapprochement, et nous ne pouvions prévoir comment serait vaincue cette obstination réciproque, lorsqu'un événement qui fut peu connu, dont on a à peine parlé, qu'on regarda comme ne devant avoir aucune suite, décida dans ce moment de l'état de l'Europe.

Napoléon habitait le palais de Schœnbrun, à deux petites lieues de Vienne; il passait, à des jours déterminés, dans la vaste cour de ce palais, des revues qui attiraient beaucoup de monde de Vienne. Il n'était pas fâché d'avoir ces occasions de se montrer dans sa puissance aux habitans de cette capitale; et comme il voulait leur plaire autant que leur imposer, il s'y montrait plein d'affabilité. Un de ces jours, le 13 octobre, cette date est très-remarquable (1),

_______________

(1) Dans les Mémoires qui ont paru sous le nom du général

j'étais venu de Vienne pour travailler avec lui ; après quelques momens d'entretien, il me dit : « Je vais passer la revue ; restez dans mon cabinet, vous rédigerez cette note, que je verrai après la revue. » Je restai dans son cabinet avec M. de Menneval, son secrétaire intime. Il rentra bientôt. « Le prince Lichtenstein, me dit-il, ne vous a-t-il pas fait connaître qu'on lui faisait souvent la proposition de m'assassiner ? — Oui, Sire ; et il m'a exprimé l'horreur avec laquelle il rejetait ces propositions. — Hé bien, on vient d'en faire la tentative : suivez - moi. » J'entrai avec lui dans le salon. Là étaient quelques personnes qui paraissaient très-agitées, et qui entouraient un jeune homme de dix-huit à vingt ans, d'une figure agréable, très-douce, annonçant une sorte de candeur, et qui seul paraissait conserver un grand calme. C'était l'assassin. Il fut interrogé avec une grande douceur par Napoléon lui-même, le général Rapp servant d'interprète. Je ne rapporterai que quelques - unes

---

Rapp après sa mort, on place ce fait au 23, au lieu du 13, et le départ de Napoléon de Vienne au 27, au lieu du 17 ; mais c'est une erreur provenant probablement d'un chiffre mal fait ou mal lu dans le manuscrit ; le 27 octobre Napoléon était à Fontainebleau.

de ses réponses qui me frappèrent davantage :
« Pourquoi vouliez-vous m'assassiner ?—Parce
qu'il n'y aura jamais de paix pour l'Allemagne,
tant que vous serez au monde. — Qui vous a
inspiré ce projet ? — L'amour de mon pays. —
Ne l'avez-vous concerté avec personne ?—Non,
je l'ai trouvé dans ma conscience. — Ne saviez-
vous pas à quels dangers vous vous exposiez ?—
Je le savais ; mais je serais heureux de mourir
pour mon pays. — Vous avez des principes re-
ligieux : croyez-vous que Dieu autorise l'assas-
sinat ? — J'espère que Dieu me pardonnera en
faveur de mes motifs. — Est-ce que dans les
écoles que vous avez suivies on enseigne cette
doctrine ?— Un grand nombre de ceux qui les
ont suivies avec moi sont animés de ces senti-
mens, et disposés à dévouer leur vie au salut de
la patrie...— Que feriez-vous, si on vous mettait en liberté ?—Je vous tuerais. » Et ce féroce
langage était accompagné d'un ton doux, d'un
air modeste, sans bravade et sans arrogance.

La terrible naïveté de ces réponses, la froide
et inébranlable résolution qu'elles annonçaient,
et ce fanatisme si fort au-dessus de toutes les
craintes humaines, firent sur Napoléon une impression que je jugeai d'autant plus profonde,

qu'il montrait plus de sang-froid. Il fit retirer tout le monde, et je restai seul avec lui. Après quelques mots sur un fanatisme aussi aveugle et aussi réfléchi, il me dit : « Il faut faire la paix; retournez à Vienne, appelez auprès de vous les plénipotentiaires autrichiens. Vous êtes convenu des points les plus importans; la contribution de guerre seule vous arrête. Vous différez de 5o millions; partagez le différend, amenez-les à vous donner 75 millions, si vous ne pouvez avoir mieux, et concluez la paix. La dernière rédaction que vous m'avez présentée me convient : ajoutez-y les dispositions que vous jugerez utiles. Je m'en rapporte entièrement à vous, mais faites la paix. » Je le quittai. Avant la nuit le prince de Lichtenstein et M. de Bubna étaient chez moi; je me renfermai avec eux seuls. Le débat fut bien long; j'arrachăi million à million. Après avoir obtenu les 75 millions exigés, je vis qu'il y avait possibilité d'aller plus loin, et j'arrivai à 85. Vers deux ou trois heures, tous les points principaux étaient réglés. Je fis entrer M. de La Bénardière, chef de la première division du ministère, pour tenir la plume; et, je crois, M. Baudart comme copiste. La rédaction et les copies ne furent pas bien longues, et avant cinq heures du matin le traité fut signé ; à six heures j'étais à Schœnbrun. Napoléon m'aborda avec un air d'inquiétude. « Hé bien , Monsieur, qu'avez-vous fait cette nuit ? — La paix, Sire. — Quoi, la paix ! et le traité est signé ? —Oui, Sire, le voilà. » Sa figure s'épanouit ; il témoigna franchement sa satisfaction. « Mais voyons donc ce traité. » Je lui en fis lecture. « Quoi ! 85 millions de contributions, lorsque j'étais disposé à me contenter de 75 ! cela est très-bien.» Chaque article que je lui lisais obtenait son suffrage ; il me répétait que c'était très - bien. « Vous avez eu de la prévoyance ; voilà une » disposition à laquelle je n'avais pas songé. » C'est un bon traité : la rédaction en est très- » bonne ; je suis très-satisfait. » Il lui arrivait bien rarement de prononcer ainsi son approbation ; il l'exprimait plus communément par son silence. Jamais non plus il n'était arrivé qu'un acte aussi important eût été signé sans qu'il en eût, au dernier moment, corrigé la rédaction, qu'il avait déjà vue et revue vingt fois : cela avait lieu même pour de simples notes diplomatiques, tant il mettait de prudence et de réflexion dans ses relations diplomatiques, au moins par écrit.

Sur-le-champ il ordonna son départ, et les

dispositions pour celui des troupes. Le 17 octobre, trois jours après la signature du traité, il
était en route pour Munich, d'où il m'écrivit
le 22. Il me laissa pour faire l'échange des ra-
tifications, en me chargeant de la faire connaître au prince de Neufchâtel, qui devait éta-
blir une ligne de signaux pour en transmettre
la nouvelle de poste en poste militaire jusqu'à
Munich. M. de Wurms, grand-chambellan de
l'empereur d'Autriche, ne tarda pas à arriver à
Vienne, chargé de la ratification de son souverain. L'échange se fit; j'en prévins le prince de
Neufchâtel, et je partis. On s'était trompé sur
le signal à faire; heureusement qu'un brouillard
en rendit la transmission très-lente. J'arrivai à
Munich en même temps, et je prévins l'embar-
ras et l'inquiétude qu'une telle erreur aurait pu
causer. Peu d'heures après mon arrivée, Napoléon partit pour la France; le 27 octobre il était
à Fontainebleau.

Si je parais, dans ce récit, attribuer la subite
conclusion de la paix à la vive impression que
Napoléon avait éprouvée la veille, je suis bien
loin de vouloir imputer à un si grand homme,
qui, dans sa vie à jamais célèbre par des succès
et des malheurs inouis, eut tant d'occasions de

faire preuve de tous les genres de courage, un sentiment de crainte indigne de lui ; mais il avait une imagination très-vive. Le poignard levé sur lui ne l'effrayait pas ; mais il lui révélait les dispositions des peuples de l'Allemagne, leur besoin de la paix, l'ardeur de leurs vœux, et leur disposition à faire, pour l'obtenir, tous les sacrifices. Cette paix était dans ses intérêts ; le traité était extrêmement avantageux : il lui donnait, à lui ou à ses alliés, un territoire immense et une population considérable. Notre position à Vienne, si nous y avions passé l'hiver, pouvait devenir très-critique. L'Allemagne, irritée et exaltée, était entre la France et nous : le partisan Schill lui avait donné l'exemple de l'insurrection. Une misérable difficulté d'argent devait-elle retarder plus long-temps une paix si conforme à tous ses intérêts ? Voilà ce que Napoléon sentit. L'éclat du poignard fut pour lui un trait de lumière qui lui montra ce qu'il tâchait de ne pas voir. Il lui était toujours si pénible de se borner dans ses succès ! plus il avait acquis, plus il voulait acquérir. La plus légère possibilité d'obtenir un avantage lui en donnait l'espérance, et l'espérance était pour lui une certitude : aussi fallait - il lui arracher ou lui surprendre un traité de paix, et, lorsqu'il y consentait, ne pas lui laisser le temps de la réflexion. J'ai eu ce mérite dans cette circonstance, je n'ai pas perdu un moment; j'ai tranché beaucoup de difficultés que dans un autre temps j'aurais dû lui soumettre, et j'ai signé un traité qu'il n'avait pas vu... Enfin j'ai fait la paix, et c'est un si grand bien que la paix, qu'on se trouve très-heureux d'y avoir contribué: c'est la récompense de beaucoup de peines et d'inquiétudes qui partout accompagnent le ministère. Cette part à la paix que m'ôtait M. de Bausset, trompé par je ne sais quelle cause, j'ai dû la réclamer; et ce motif a triomphé de la répugnance que j'éprouve à parler de moi, ce que je fais aujourd'hui pour la première fois.

Qui a pu induire M. de Bausset dans une si étrange erreur? je ne sais. Il a pu ignorer pendant quinze jours que j'étais à Vienne, et que là je traitais avec le prince de Lichtenstein, et pendant ce temps me supposer à Altenburg. Il résidait à Schœnbrun. J'y venais, il est vrai, presque tous les jours pour travailler avec Napoléon, mais à des heures où le service de M. de Bausset ne l'appelait pas auprès de lui, et je retournais à Vienne immédiatement après mon travail. Napoléon tenait sa cour dans un grand éloignement des affaires publiques, et les nouvelles politiques y étaient d'autant moins connues, qu'on cherchait à les deviner en fondant des conjectures sur des mots échappés au souverain ou à ses ministres, sur des propos de table et autres indices très-équivoques, Napoléon se faisant un jeu d'induire en erreur ceux qui voulaient le deviner, et de tromper toutes les conjectures. Ainsi les propos que M. de Bausset attribue à Napoléon et à moi, dans un dîner qui eut lieu à mon retour d'Altenburg, si sa mémoire les lui rappelle exactement, avaient sans doute rapport, non à la paix, qui se fit seize jours plus tard, mais peut-être au remplacement de M. de Metternich par le prince de Lichtenstein, qui s'était fait sans moi, lorsque j'étais encore à Altenburg : et ce remplacement paraissait un grand acheminement à la paix.

Sous Napoléon, la cour était étrangère aux affaires publiques, et les ministres étrangers à la cour. Ceux-ci même n'avaient entre eux que les rapports indispensables ; et ce qui se faisait dans un ministère, particulièrement dans celui des relations diplomatiques, était ignoré dans les autres. Napoléon seul tenait tous les fils dans la main, dirigeait tout, savait tous les secrets, et son secret était impénétrable. Quoique, dans cette circonstance, M. de Bausset ne l'ait pas deviné, son ouvrage, qui a un tout autre objet que la politique, n'en est pas moins agréable à lire.

Paris, ce 8 juillet 1827.

Champaguy, duc de Cadore.

PARIS, IMPRIMERIE DE DECOURCHANT,
Rue d'Erfurth, n° 1, près l'Abbaye.

www.ingramcontent.com/pod-product-compliance
Lightning Source LLC
LaVergne TN
LVHW010823180726
843502LV00009B/3512